1

avant–propos : l'instant ébloui

Voici *l'Automne*, le premier volet de ce parcours de saisons en haïku, auquel s'engagent les éditions D'un Jardin.

Nous avons lancé ce projet de « Haïkus d'Automne » avec seulement deux contraintes : un bloc minimum de vingt haïkus, d'une part ; et le respect souhaité du 5-7-5 d'autre part. Il n'était fait mention ni de *kireji* ni de *kigo*. L'absence de rimes et de ponctuation allait de soi. De même la recherche d'une certaine continuité, sans qu'on puisse pour autant parler de suite.

Chaque contributeur-trice a été invité à proposer ses haïkus sur le thème de la saison. Mais il a été souvent oublié par les participants que vingt haïkus conçus comme unités solitaires sur le même thème s'alourdissent tout naturellement de retours et de répétitions, et c'était là une première difficulté : exprimer le flux sans redites.

Un haïku isolé brille de sa propre lumière ; mais si son fonds est aussi faible que sa forme : trop d'adjectifs, trop personnel, trop abstrait, ou même philosophique, ou simplement banal ; lorsqu'il se présente avec le même schéma de deux vers (?) non comptés séparés du troisième par un tiret répétitif, on a du mal à considérer ces trois lignes comme un haïku. Et si un haïku isolé mais plaisant peut faire illusion, un bloc de vingt révèle impitoyablement les ficelles et les faiblesses.

La deuxième contrainte, celle du 5-7-5, a été plutôt suivie, l'effort a été sensible, et au final, le résultat semble probant. Il y a quelque chose de stable dans le rythme impair, quand il s'affirme clairement. Ce qui fait la difficulté sur le plan poétique de l'abandon de la règle, c'est la perte du rythme, impair et sans rimes, que le 5-7-5 est censé appuyer. Censé, dis-je, parce qu'un haïku « régulier » peut être totalement dépourvu de musique, d'harmoniques et de tempérament. Le respect du 5-7-5-7-7, pas plus que son abandon, ne garantira jamais la qualité du sentiment lyrique dans le tanka ; il en sera de même pour le haïku : l'écriture de l'apparition de *l'instant ébloui*, l'essence même de cette poésie brève, dépend d'autres contraintes que le simple comptage des syllabes. Mais il y contribue.

Une absence totale de contraintes ne trouvant de justification que sur la simple expression brute du sentiment, et négligeant les processus formels par lesquels des générations de poètes sont passés, obère le poème du travail de l'orfèvre ; il l'expose également le texte élaboré au risque de perdre ce qui fait sa force, le passage du temps long. Il peut paraître étrange d'évoquer les longs phasages de l'écriture à propos du poème le plus court de l'histoire de la poésie ; mais n'est-il pas évident que nous connaissons mieux les maîtres de l'ère Edo que nos propres contemporains ? N'est-ce pas assez clair, que seul le temps est le vrai critique littéraire ?

Se « libérer » des règles nous place dans une ambiguïté ou une ambivalence difficile à surmonter, sans oublier que cela nous coupe du fil historique ; il faut avoir beaucoup de fraîcheur d'âme pour se croire innovant, même si parfois une certaine innocence, proche de la grâce, est aussi opportune que nécessaire.

Mais respecter ces règles à la lettre…nous savons tous dans quelles impasses se fourvoie une certaine écriture formaliste, quand elle oublie que tout est impermanence et changement, même et surtout la réception par le lecteur, dans son temps présent, d'un texte poétique.

Il semble se rencontrer autant d'avis sur ces questions que de styles et d'écoles, chacune vouant les autres aux gémonies ; mais la plupart des non-francophones s'accordent à dire que notre respect du 575 pour le haïku et du 57577 pour le tanka est inadapté à la brièveté du genre ; nous devrions suivre le modèle américain, qui réduit le haïku de 17 syllabes à dix ou douze, si ce n'est moins. L'argument le plus latéral, et qui dénote une étrange méconnaissance de notre langue, consiste à soutenir qu'à nombre égal de syllabes, le français « dit beaucoup plus ». Ce qui est exactement le contraire, la langue française étant tributaire de formes plurielles, d'articles, de prépositions, de conjugaisons…ce dont le japonais, comme l'anglais, se passent fort bien. La confusion entre le dit et l'exprimé tient sans doute au respect ou à l'abandon de la versification française, telle qu'elle se pratique dans les règles de l'écriture comptée : toutes les syllabes comptent, y compris les muettes…

Les contraintes du haïku classique semblent loin des préoccupations de la plupart des haïjin(e)s présents sur la toile, et peut-être n'ont-ils pas totalement tort. Mais on observe sur les groupes FB ou dans certaines publications numériques des formules à un mot par ligne. A travers un suivisme souvent excessif du style anglo-saxon, la tendance actuelle tendrait à réduire « l'instant ébloui » aux purs sèmes liés à des mots isolés, groupés en trio.

Il conviendrait de s'interroger si trop de « liberté » ne risque pas de tuer le sens dont tout poème est par définition chargé. Croire que le vers « libre » se passe de règles, de rythme, de construction, bref, de prosodie, ne correspond pas à la réalité des textes : le vers libre a d'autres règles que le vers classique, mais à l'intérieur d'une esthétique nouvelle, ce sont les siennes propres.

Pourtant, tout bien considéré, favoriser l'expression de l'esprit au détriment du respect de la lettre nous semble aller dans le sens d'une poésie plus riche. A ce problème binaire (bipolaire ?), ne pourrait-on trouver une solution de juste milieu ? Ce recueil voudrait y participer.

La ligne de ce premier volume sera donc partagée entre une certaine tension quant au respect des règles et une tendance à l'ouverture. Contradiction ? Oui, et assumée.

Si le premier critère devait rester le talent, à toi, lecteur, parcourant ces haïkus, d'en apprécier ces efforts à leur juste valeur, de reconnaître les meilleurs parmi les bons, et de les savourer selon leur mérite.

Voici donc avec ces Haïkus d'Automne un éventail paré des couleurs de la belle saison, qui nous vient de presque toute la planète francophone. Il a bien fallu faire un choix, à la fois sur des critères formels, de pertinence, d'écriture, le tout cadré par les contraintes matérielles de l'édition. Mais il a été davantage tenu compte des possibilités, de l'avenir de la forme et du potentiel d'écriture que contiennent ces textes que de leur achèvement selon des critères *a priori* : ce recueil propose un certain nombre d'expressions sur un thème donné, suffisamment élargi pour autoriser une vaste inspiration, que nous pourrons ainsi apprécier dans sa diversité. Peut-être également ce recueil et ceux qui devraient suivre pourraient faciliter la réflexion, par l'exemple, de ce qu'on peut appeler, dans un effet de consensus, un haïku.

Dans sa brièveté et la nécessité fondamentale du haïku d'exprimer l'instant ébloui en une forme contrainte réside sa spécificité : si l'on veut en respecter le cadre, ce poème bref, cet instantané du cœur, reste une des formes poétiques les plus difficiles qui soient.

Gardons à l'esprit que chaque auteur ici présent porte avec lui le non-dit de sa terre, son accent secret, sa géographie mentale. Essayons de retrouver cette variété de ton et d'inspiration que le haïku, dans la force de sa brièveté, nous impose. Laissons-nous faire, ou bien nous risquons de passer à côté d'une émotion unique.

Et vous allez certainement faire des rencontres inattendues, le long de ce recueil : je suis reconnaissant à tous, choisis ou non, d'avoir participé à ce bonheur d'écrire.

Nous savons que le haïku lit le monde avec détachement, mais non sans passion, parfois avec humour et souvent dans la nostalgie ; de la diversité des origines et des cultures, de la richesse de l'inspiration naît la poésie, celle qui nous émeut, nous fait sourire, celle qui nous détache un (bref) moment de la pesanteur du monde, qui nous en console, celle qui, par empathie, nous fait croire en la lisant que nous sommes de meilleurs hommes et femmes.

Alhama GARCIA
octobre 2015

Haïkus d'Automne

Geneviève Marceau Vacchino

Le ciel sans la lune
dans les yeux du crapaud rouge
une étincelle bleue

Le soleil couchant
et ces petits poissons d'or
dans la rizière

Reflet sur le fleuve
entre les branches du chêne
le vol d'une cigogne

Le facteur s'en va
devant le cimetière
un oubli peut-être?

Octobre à l'aube
l'écho d'une tourterelle
jusque dans mon rêve

Sous le clair de lune
le tango de deux lucioles
une nouvelle saison –

Un chant automnal
s'épuise dans le marais
– première neige

Boisé silencieux
seul bruit avec la guitare
un crépitement

Journée en famille
un *je t'aime* susurré
en croquant sa pomme

Le ciel couleur feu
par le hublot du bateau
je songe à cet homme

Ses cheveux bouclés
devant la mer en tumulte
à notre rencontre

                              Fête des morts
                    devant le stroboscope
                       un papillon s'affole

Bruine de septembre
à la citrouille cueillie
elle met son chapeau

                              Dernière mûre
                 le parfum des feuilles mortes
                           encense le ciel

Promenoir d'automne
sous le soleil ardent
la forêt crépite

La crêpe antillaise
flambe sur la table antique
parfum vanillé

Soleil de novembre
un oiseau jaune picore
ce qu'il reste de nous

De gros aboiements –
une fillette déguisée
en panthère rose

Spectacle saisonnier
la nuit accroche à l'érable
plus d'étoiles

Sur son nom de marbre
le silence des roses
après ma prière

Danièle Duteil

ruelle pavée
l'arôme des lourds figuiers
longtemps sur mes pas

        dans le crépuscule
        les cris des derniers criquets
        ombre de l'horloge

première journée
sac sur le dos des enfants
un peu silencieux

        plus une hirondelle
        un vent mou emplit le ciel
        de nuages gris

sur l'étang figé
la griffure d'une mouche
veille d'équinoxe

                              un profond silence
                         dans le jardin détrempé
                             grillon sous le lit

des vesses de loup
écrasées du bout du pied
retour en enfance

                             chaussée déformée
                         des tas d'aiguilles de pins
                            regroupés au centre

la porte bien close
bonds et rebonds de la pluie
sur le toboggan

                              le ciel menaçant
                         je découpe en dés la chair
                              du potimarron

les mûres cueillies
les liserons blancs plus blancs
pas un souffle d'air

                                        réveillée trop tard
                              pour croquer la « super lune »
                                        je pèle une orange

mitraille à la porte
le grand chêne malmené
par une bourrasque

                                        après-midi calme
                              le ventre des oies sillonne
                                        mes rêvasseries

dans la pluie d'automne
bruit de pommes qui s'écroulent
l'odeur de la terre

Sommet des consciences
on marque d'une croix rouge
les grands pins malades

                                        au coin de la rue
                               l'odeur des marrons grillés
                                        un homme mendie

trêve de novembre
et pourtant sur les trottoirs
tant de sans-abris

                                        alourdis de pluie
                               les chrysanthèmes en fleur
                                        parents centenaires

signe du scorpion
tant de bougies alignées
que j'ai des frissons

Vincent Hoarau

pause sur la place
entre les boules passe
une feuille morte

Zone Artisanale –
le violoniste au carrefour
qui l'écoute ?

ciel bleu d'automne –
dans les nuages effilochés
la lune s'évapore

bleu d'automne –
les uns après les autres
les amis s'en vont

Une boule de poils grise
tout ce qu'il reste du chat ...
le vent siffle

solitude …
les petits bruits de ses chaussures
sur la terre humide

partager le silence
d'un vieux coucou qui ne donne
ni le jour ni l'heure

mousse sur les pierres
peu à peu à ce lieu perdu
je m'accoutume

lune des moissons –
le linge laissé à sécher
sur le balcon

silence du soir –
un vieil homme montre à sa femme
la feuille qui tombe

deux papillons
sur le dernier pissenlit
un rendez-vous

                              sur les marrons
                 les premières craquelures –
                            un long soupir

sorti du bois
un papillon aux couleurs
des feuilles d'automne

                              partout autour
             des choses qui meurent et qui tombent
                            pomme acidulée

sur la lettre vierge
"prends soin de toi"...
premières gelées

revient la pluie d'automne –
un homme entre deux âges
regarde ses mains

                                    tombant de fatigue
                                    elle se frotte les yeux
                                        la lune voilée

sentier forestier –
quand passe la libellule
une feuille tombe

                                            l'air fraîchit –
                                    les chevaux du manège
                                        font un dernier tour

vieux banc de pierre –
il ne s'y pose plus
que la feuille d'automne

visite aux morts –
un vent frais dans les poumons
des sapins verts

                                    les arbres sont nus
                                dans l'or d'une fenêtre
                                        un rire gras

s'enfonçant un peu plus
dans l'automne la plainte
d'un accordéon

                                    brouillard d'octobre –
                            pas plus loin que cinq six mètres
                                            son avenir

soir sur la ferme
sur le bout de ses doigts
un peu de rouille

grisaille d'automne –
la lumière s'en est allée
dans le calendula

barres d'immeubles –
elle me fait faire un détour
pour revoir la lune

sur ces pavés usés
depuis mille ans, la pluie
et le son des cloches

douceur de novembre –
le vieil homme ressort
parler un peu

Sido Notari

De l'or au blanc, l'automne

Avant-goût d'automne –
endroit, envers, jeu des feuilles
avec mon balai

                         Septembre mouillé
           pour les derniers vacanciers
                   chasse aux escargots

Clics des sécateurs –
les vignes se déshabillent
pour notre plaisir

                         Hottes à ras bord
          le soir les verres sont pleins
                    du raisin d'hier

Après la vendange
les rameaux sont squelettiques
– vignes au régime ?

Sur quelques ceps nus
des grappillons délaissés –
vendange des pies

Sommeil prolongé
d'une heure – l'horloge à jour
pas celle du coq

Matin sur l'étang –
avec les feuilles ocrées
flânent des colverts

Silence des cimes –
dans le sous-bois flammé glissent
des ombres teintées

Le soleil décline –
quel flamboiement sur la mer
et sur le feuillage !

36

Octobre à Kyoto
sous les érables en feu
l'or des toits pagodes

> A portée de doigt
> le jaune d'or des ginkgos
> sur le plan d'eau

Rose de l'érable –
l'enfant avec une feuille
de papier dessin

> Les couleurs explosent
> dans les allées silencieuses –
> Bouddha en prière

Épais matelas
rougi de feuilles – léger
le bruit des geta

Dans le potager
mariage en robe orangée –
citrouilles en fête

Octobre déplume
les platanes vieillissants –
les têtes aussi

Le tapis roux craque
sous les pas des randonneurs –
vieillir en couleur

Tant de feuilles mortes !
des poussières sur l'eau suivent
le fil du courant

Fin d'automne en blanc
sur les routes encombrées –
cartable en vacances

Nathalie Dhénin

tout au bout du ciel
l'embrasement apparaît
un été indien

un autre matin
la fraîcheur s'est installée
l'été pour un songe

le jour s'assombrit
plus de lampions au jardin
dîner d'intérieur

la première feuille
se dépose au pare–brise
de rouille vêtue

le vert pâturage
n'absorbe plus le soleil
la brume s'élève

il est des oiseaux
que le vent emporte au loin
un autre équinoxe

un rideau de pluie
donne les premiers frissons
sous l'arbre défait

la forêt s'habille
de couleurs chatoyantes
premiers champignons

sentier bucolique
parsemé de bruits sourds
les marrons tombent

aux cimes d'arbres
le feuillage s'illumine
fanaux d'arc—en—ciel

même promenade
que les semaines d'avant
un pull sur le dos

> teintes fauvistes
> pour un tableau campagnard
> croasse un corbeau

ballet aérien
voyager vers la chaleur
vol d'hirondelles

> les tombes de marbre
> aussi froides que les mains
> au onzième mois

les morts se fêtent
les vitrines Halloween
d'orange et de noir

> contre le râteau
> les feuilles s'agglutinent
> allées dégagées

craquement de bois
le petit feu du dimanche
d'un jardin à l'autre

rupture en automne
prendre son temps en hiver
amour au printemps

vent de pleine face
le froid pénètre les corps
abris-bus bondé

doux apprentissage
premier hivernage d'ours
bien loin des hommes

Virginie Colpart

huit heures et quart
deux coups de fusil de chasse
me tirent du lit

dans le dictionnaire
entre les feuilles sèches
les définitions

cadre campagnard –
les sentiers de randonnée
dorés à la feuille

fumée sur les toits
l'été indien disparaît
en volutes grises

octobre humide
elle étend le linge
sur les radiateurs

obsèques du vieux —
sur la place de l'église
l'arbre se décoiffe

les jours diminuent
les escapades du chat
plus courtes aussi

tombé dans la cour
le marron retourne au ciel
du jeu de marelle

les feuilles tombées —
la mangeoire des oiseaux
à nouveau visible

la tempête d'octobre
déshabille l'arbre
sans préliminaires

vendanges finies
après les éclats de rire
les cris des corbeaux

première gelée –
partout la couleur
des draps de grand-mère

Beaujolais nouveau –
ciel et fêtards embrumés
au petit jour

ferme à l'abandon
l'ampélopsis lui redonne
un peu de couleurs

premier jour d'octobre
le calendrier délaisse
une de ses feuilles

camping en octobre
à la place des tentes
les tapis de feuilles

                                        matin de novembre –
                                        elle resserre l'étreinte
                                        sur son bol de thé

le vent à la porte
dans sa chevelure rousse
quelques cheveux blancs

                                        branches dénudées –
                                        le vent leur fait balayer
                                        le ciel moutonneux

le ventre en avant
elle achète du raisin
à défaut de fraises

                                    retour de la buée
                        sur les parois de la douche -
                                    octobre pudique

un parfum iodé
sur la crêpe au chocolat
Quend-Plage en octobre

                                    leur V dans le ciel
                                    crève le silence –
                                    brouhaha des oies

que de champignons !
mais je n'en connais qu'un seul
ni mortel ni bon

                                    au bord du sentier
                        les plus hautes figues sont
                        pour les grands gourmands

                                    les derniers partis
                            mieux fleuris que les autres –
                                    jour de la Toussaint

vignes en octobre
tout ces mélanges de rouge
font tourner la tête

Monique Junchat

la cigogne et sa bague
6 jours de vol
pour Gibraltar

entre fruits d'été
et fruits d'automne
septembre

la vigne vierge
rougit sur le mur
murmures

automne
les feuilles tombent
de fatigue

raisins
le jus de l'automne
sur ma langue

matin d'octobre
le soleil éclaire les arbres
par en-dessous

la feuille d'érable
rouge comme mon cœur
le vent lui portera

après la pluie
plus de rouille
sur la saison

face à la lune
envie d'une soupe
à la citrouille

de chrysanthèmes
en chrysanthèmes
la queue du chat roux

ce soir
mon premier mi–bas
troué par l'automne

les arbres dénudés
j'emmène mes manteaux
au pressing

mon amie et moi
les mêmes chemins creux
sur nos visages

vues du train
les joues rouges de l'automne
mon nez coule

brouillard
le bonnet vert du joggeur
court tout seul

dans l'automne de ma vie
tous mes os craquent
comme le bois sec

novembre
déjà ma deuxième carte
de condoléances

dans la clairière
un reste de soleil
sur le ballon rouge

Hélène Duc

automne naissant
le lierre déjà rougeâtre
sur la maison froide

gelant en silence
l'ombre de l'épouvantail
dernières chaleurs

thermostat en baisse
plongeant le jarret de porc
dans le pot-au-feu

première flambée
dans le pelage du chien
le silence est d'or

matin de grisaille
un éclair touche son cou
parfum de l'absente

arbres défeuillés
un chant sinistre s'éloigne
avec le crachin

fête des vendanges
la vieille girouette rêve
d'être coq au vin

                                    plage sous le vent
                        un baigneur dans les remous
                                    d'un anorak bleu

étang immobile
une oie sauvage traverse
lentement son cri

                                    ne pas s'enrhumer
                        une écharpe de brouillard
                                    autour de l'estuaire

son regard fuyant
de la théière s'échappe
un peu de vapeur

                                    hanche douloureuse
                        de plus en plus ébréchée
                                    l'anse de sa tasse

dernières chutes
les feuilles mortes tombées
mi-bruit mi-silence

                                        jour des encombrants
                                        une araignée solitaire
                                        tisse dans la benne

dans le potiron
elle nous fait des clins d'œil
la lune d'automne

                                        matin de Toussaint
                                        réveillée par le silence
                                        de la maison vide

grand froid matinal
un renard fait les cent pas
autour du compost

solstice d'automne
la chaleur du grille-pain
au bout de nos doigts

marées d'équinoxe
le vide des coquillages
rendu à la mer

aube de tempête
le cygne emmêle son vol
aux premiers flocons

Keith A. Simmonds

Des papillons blancs
dans la stupeur du matin
soleil automnal

                              Petit à petit
                    la brume matinale avale
                         toutes les cheminées

Cueillette de raisins
la veuve remplit sa corbeille
d'un soleil doré

                              Croquis en zigzag
                         suspendus à l'horizon
                          le départ des oies

une mer turbulente
toutes les anémones frissonnent
au vent matinal

Des myosotis
sur les tombeaux des soldats
tués pour leur pays

Vagues tumultueuses
un bateau de pêche s'égare
dans un arc-en-ciel

Matin grisâtre
les marguerites tremblent
sous des gouttes de pluie

Un vent violent
sous un ciel assombri
colchiques épars

Chien solitaire
garde le tombeau de son maître
chrysanthèmes flétris

Terrasse de café
une feuille fanée s'égare
dans ma tasse de thé

Octobre près du feu
maman m'appelle par un nom
autre que le mien

Soupe au potiron
tous les invités oublient
le vent si glacial

Un papillon rouge
dans la douceur automnale
beauté éphémère

Des grappes de raisins
sous le ciel palpitant
un goût de soleil

Cyclamens de Perse
dans le tremblement de l'air
des nuages perdus

Grimpant au ciel
l'avion égrène les nuages
grisaille matinale

Un café bondé
la vieille trempe sa solitude
dans des verres de rouge

La lune postillonne
chaque cheminée du village
envoie des signaux

Silence éloquent
devant tous les disparus
Fête de la Toussaint

Nicole Gremion

Feuilles bousculées
dans le chahut d'un grand vent
– matin de rentrée

                              Briques envolées
                    fin d'été dans la bourrasque
                          – les impôts locaux

Déjà enrhumé
le plus vieux coq du village
tarde à s'éveiller

                          Premières fraîcheurs
                    la lune frappe à la vitre
                          – chacun chez soi

Matous en folie
égratignent le silence
premiers feux dans l'âtre

Au fond du jardin
un bol d'eau et des croquettes
sous un parapluie

Un peu par mégarde
le chemin d'une fumée
rencontre le ciel

Marrons bien cirés
crevant l'étroit de leur bogue
– mes souliers trop neufs

Velours des châtaignes
parfum de figues trop mûres
– l'excuse du vent

Arbres dépouillés
demain je verrai la mer
à travers les branches

Surgi dans la nuit
d'un goutte à goutte de lune
– crocus au matin

> Mur gris de l'impasse
> taggé le voilà chef d'œuvre
> – la vigne vierge

Clowns à l'étalage
goût douçâtre dans l'assiette
– les potimarrons

> Magie d'Halloween
> les saints honorés jadis
> transformés en courges

Visages d'automne
vieil homme aux cheveux d'argent
arbres coiffés d'or

Un temps de Toussaint
la mort s'habille aux couleurs
des chrysanthèmes

Le sol desséché
recrache l'eau des orages –
un arbre s'effondre

L'ombre d'un nuage
découpe un zeste de lune
– cri du chat-huant

Vol d'un charognard
dans une boucle de ciel
Enserrant l'espace

Des oiseaux sans ailes
migrent de nuit sur la mer
– la lune de sang

En bonus, un 21ème, qui risque la discrimination car il est mille pattes :

Schizophrène
la piétaille des feuilles en proie à l'idée fixe
d'échapper à la mort qui les poursuit en rond

Liette Janelle

Soirée plus longue
journée plus courte
La noirceur s'installe

                              Été Indien
               départ vers un autre monde
                          parmi ces couleurs

Une feuille collée
dans mes baskets de marche
chatouille mes orteils

                          Une feuille d'érable
                     sur la page d'annonces
                       de produits d'érable

Une pluie froide
nous fouette le visage
comme un faciale

Les arbres dépouillés
de leurs feuilles jaunes
squelettes en bois

Des fleurs en étoiles
tout autour du terrain
fleurissent en dentelle

Un champ bien garni
de gros ballons orange
les enfants s'amusent

Les canneberges
flottent comme des rubis
dans un champ d'eau

Deux sorcières
se croisent à l'intersection
Soir d'Halloween

A l'Action de Grâce
tous les légumes du jardin
dans un pot-au-feu

Centre de table
des feuilles d'érable rouge
du voisin du coin

Remiser le râteau
sortir la pelle du hangar
besognes d'automne

Les arbres se dépouillent
les nids se vident
pour le lainage blanc

Un tas de feuilles
des enfants enjoués
sautent de bonheur

A l'abribus
parade de parapluies
tous à fermer

Pommes à chevreuils
pour la compote de pommes
cueillies au sol

De son arbre le voisin
me laisse des fèves
en cadeau

Les oiseaux s'envolent
les retraités partent
vers le soleil

Pichet de grand–mère
chocolat chaud l'automne
limonade l'été

Bikko

la fin de l'été
sur le pas de la porte
l'escargot broyé

face au château –
tracteur au labour libérant
l'odeur de la terre

averse d'octobre –
disparu le temps de rien
le gros limaçon

l'orage d'hier –
juste quelques gouttes d'eau
au creux des pierres

marmite rouillée –
des larves de moustiques
en lévitation

graminées au vent –
un triangle noir en mer
où meurt la lumière

entre chien et loup –
l'embrasement des chaumes
de miscanthus

la nuit si sombre –
mon ombre n'a pas osé
m'accompagner

soir sans lune –
j'écrabouille par accident
la grosse limace

envie d'un câlin –
je me réchauffe les mains
sur un bol de soupe

rase campagne –
la sarabande des chats
coupe le chemin

rayon oblique –
sur le carrelage l'esquisse
du taon à la vitre

sur le couvercle
du pot de confiture
– dernière guêpe

l'orage gronde –
suspendue par une patte
la tipule attend

amour d'automne –
de la grappe le frelon
suce le sucre

route au couchant –
un nuage bienvenu
en pare-soleil

sur la flaque d'eau –
la feuille de platane
n'a pas de reflet

rideau de pluie
à la surface du lac
l'eau à gros bouillons

un fantôme noir
passe devant les étoiles
– chahut du ressac

aurore blême –
la silhouette d'un camion
sur les pâturages

visite impromptue
au moment de la bise
son oreille froide

                                        jardin de grand mère –
                                        chaparder à la comtesse
                                        deux poires Williams

pommes de reinette –
attirer tout le troupeau
dans le nouveau pré

                                        ultime rayon
                                        étalé de tout son long
                                        le chat sur la rue

jour de tempête –
les arbres se délestent
de tous leurs bois morts

Gaëtan Lecoq

La nappe de brume
flotte au-dessus du ruisseau
dentelles de vie

        Eté indien –
    deux pieds dans l'eau du bassin
         rêvent d'océan

Peu à peu s'éteignent
les lumières de la ville
bruine de septembre

        Lune bleutée –
     le bruissement obscurcit
        ma profonde nuit

Sous le ciel ardoise
tangue et frémit le hallier
Oh que tu me manques !

Octobre éclatant
le vent frissonne et s'immisce
entre toi et moi

                                        Mille chanterelles
                                    au détour du bosquet
                                      un festin s'annonce

Nuée d'étourneaux
anime la nuit austère
glaçant cri du chat

                                        Noir le soir breton
                                    appréhende l'ouragan
                                    dans le blanc silence

Éternuements –
la grisaille du matin
m'habille de fièvre

Sous le lampadaire
la foule emmitouflée
piétine en silence

Flic ! Floc ! lourds nuages
sur le balcon détrempé
le passereau tremble

La forêt lumière
prend les couleurs du verger
rousses effeuillées

Il tend les deux mains
affamé effarouché
Sans Déjeuner Fixe

Blême point du jour
au-dessus de mon chagrin
planent les corbeaux

Dans les peupliers
le vent fait sa sérénade
novembre grelotte

Après la tempête
tous les arbres fracassés
nouvel horizon

Lueur dans la brume
sur le chemin des écoliers
tes yeux dans les miens

Lune au ciel d'automne
brille au bout de l'autoroute
enfin ton sourire

Anne Brousmiche

Sur le jardin d'eau
glissent des nymphéas noirs
et des fleurs de brume

Langueur monotone
les goélands accompagnent
la chute des feuilles

Adieu La Fontaine !
les fourmis aussi regrettent
le temps des cigales

Rivages au Sud
le passage cadencé
des premiers oiseaux

Au chaud dans son coin
elle ravaude sa toile
la vieille araignée

Pour fleurir l'automne
un citronnier d'Italie
en photo d'écran

Pourquoi si soudain
ce soleil qui se dérobe
paraît si fragile ?

Rivage de Manche
le vent d'un revers de manche
chamboule le temps

Vacances d'automne
des feuilles dorées s'amusent
dans la cour d'école

Grand chagrin d'amour
envie d'un vernis bien rouge
sur mes ongles tristes

Un jour de brouillard
mon GPS perd aussi
en route sa voix

                              Journée sans soleil
                    sous la pluie comme ils sont jaunes
                              les cirés bretons !

Grève des pilotes
sans remords les hirondelles
poursuivent leur route

                              Un été indien
                    rêver d'un nouveau départ
                              loin vers Taj Mahal

Message d'automne
rien que la pluie qui papote
seule avec la porte

C'est la mue de saison
mon petit chien recouvert
de reflets dorés

Secret bien gardé
dans le miroir mon visage
mûrit sans retour

Fugue matinale
sans crier gare une nuit
débarque l'automne

Retour de l'alpage
plus rousses aussi les taches
du troupeau de vaches

Aube silencieuse
où est passée l'hirondelle ?
l'écho de ses ailes

Marie-Alice Maire

Brouillard matinal –
deux feuilles pourpres frissonnent
sur la balançoire

                              Piscine de feuilles –
                         sautillent de tous côtés
                              les écureuils roux

Rosée du matin
dans le massif d'hortensias
l'été s'éternise

                              Rousseur automnale –
                       les dernières framboises
                       dans mon panier neuf

Du cuivre orangé
l'automne toute l'année
dans les yeux du chat

Terrasse au soleil –
une nuée de moineaux
picorent du vent

Ciel de cendre –
pour l'amie qui s'en va
un bouquet de lis

Tapis de bruyère –
l'écureuil se débarbouille
avec de la brume

Nuit blanche –
une araignée tisse sa toile
dessous la lanterne

Première rosée
je me réveille avec elle
odeur de café

Fin des vendanges –
le saisonnier reparti
pointer au chômage

Journée des défunts –
les oies sauvages s'envolent
dans le ciel cendré

Course à la noisette –
les écureuils en maraude
font des provisions

Retour de rando
bien collés sous mes semelles
des pieds-de-mouton

Fin de journée –
quelques grappes délaissées
pour les étourneaux

L'œil de l'écureuil
en va et vient incessant
rien ne lui échappe !

Près de mon oreille
un léger grésillement
... une libellule !

Les pleurs des mouettes
au-dessus de la balustre
qu'y-a-t-il au large ?

Frissons du matin…
sur un hortensia bruni
un battement d'aile

Blandine Alizirine

Ce matin sous les pieds nus
les pierres sont froides
derniers jours d'été

                         Seule l'herbe droite
                  se dresse sous la pluie – passent
                         les passants courbés

Le chiot sent la boue
joie sur le tapis
jouer les boules de terre

                         Le vent ce matin
                      déjà le vent frais
                  et toujours ce vent d'automne

Claquent dans la bouche
les premiers grains de raisin
cent et une odeurs

Entre deux pluies le soleil
au jardin les fruits
luisent de couleurs

La compagnie se rassemble
dans les labours frais
une brume d'ailes

Un peu de fumée
un peu de suie noire
ce soir la chaleur du feu

Jaune et rouge – fauve
en or ou en cuivre
l'harmonie des ormes

A la musique du vent
répond le silence
l'envolée des graines

Les glycines en cosses
sonnent sèchement le temps
cet automne en marche

                              Au plus haut des dunes
                    marronnent les herbes en fleurs
                                    la plage si seule

Le soir venu brume
dans la nuit hurle le chien
marée d'équinoxe

                                La source tarie revit
                                au loin dans la plaine
                        seuls les toits noirs surnagent

Sur les pierres blanches
cascade gaiement l'eau folle
la perdrix blanche

Le givre en argent
sourd à l'ubac du mont
les femmes tricotent

Sur la lune rousse
une ombre de tronc
loin le halo de la ville

La bibliothèque
rayonne en traits de poussière
murmure d'accueil

Dans le grand rondeau en cuivre
chantonnent les poires
l'écume dorée

Et passe le jour
et passe le soir
l'été finit c'est l'automne

Gérard Dumon

l'arbre dénudé
dévoile enfin son secret
cabane d'enfant

pur ciel d'automne
sur l'herbe la première pluie
de châtaignes

l'épouvantail
surveille sans broncher
le glanage des freux

au fond du jardin
la citrouille garde encore
tout son mystère

toute la nuit
pour traverser l'étang
la lune d'automne

brume sur l'étang
le mystère s'ajoute à celui
des eaux mortes

                                        violentes rafales
                            feuilles et oiseaux s'entremêlent
                                     juste un court instant

été finissant
le soleil pose de la rouille
sur les marronniers

                                               mi-octobre
                                      la morsure du soleil
                                      sur celle de l'ombre

désordre de feuilles
un escargot tire un trait
sur l'arrière saison

matin d'octobre
emmitouflé dans ses odeurs
le sous-bois s'étire

près des chrysanthèmes
la photo du défunt brille
sous le soleil pâle

soleil d'octobre
la vigne vierge incendie
le mur de la grange

11 novembre
porte drapeau de l'automne
ce rouge-gorge

mains derrière le dos
planté sous l'érable en feu
un vieil homme seul

119

couleurs d'automne
  la boulangère arbore
sa nouvelle coiffure

                              balade sous la pluie
                          l'odeur des feuilles mortes
                                    m'accompagne

fin de soirée
le vent dans les branches nues
siffle une berceuse

                               Chute des feuilles
                          derrière la futaie le ciel
                              gagne en hauteur

mystère de la nuit
un orfèvre a couvert d'or
l'allée des tilleuls

pub d'Halloween
première lecture dans la boîte
par cet escargot

à l'arrière garde
d'une cohorte de maïs
un épouvantail

toute la nuit
elles arpentent les trottoirs
les feuilles mortes

collection d'automne
les peupliers défilent
le long du canal

été indien
les bourdons harcèlent encore
les fleurs d'ipomées

soleil d'octobre
au jardin un papillon
fait l'inventaire

onze novembre
un cliquetis de médailles
au garde à vous

fraîcheur du soir
sur la jetée seuls les bancs
contemplent la mer

Sophie Danchaud

Matin de brouillard
entre fraises et châtaignes
la saison hésite

                              Fin de matinée
                    la brume se lève enfin
                         ha le beau ciel gris

Par dessus le banc
dans son beau déshabillé
l'acer du Japon

                              La brume tricote
                    les heures grises du jour
                         manteau de coton

Les dernières mûres
et les premières châtaignes
octobre piquant

Cachemire bleu
sur les épaules de l'aube
la brume s'étire

                                        Brusque coup de vent
                                les glands se mettent à pleuvoir
                                        juste avant l'averse

Paris - ses klaxons
même les oiseaux s'en fichent
des feuilles qui tombent

                                        Rouge rouge sang
                                les champs hérissés de chaumes
                                        sarrasin fauché

Par vague le vent
s'engouffre dans les feuillages
un bruit de ressac

Les potimarrons
entre les feuilles fanées
pleine lune rousse

                          Le chat de gouttière
                    se faufile sous mon toit
                          dès la pluie venue

Soupe de citrouille
un soleil bas d'octobre entre
dans mes casseroles

                          Les deux acacias
              se prennent pour des ginkgos
                      de l'or plein les bras

Des baisers de pluie
ruissellent du châtaignier
je m'essuie les joues

Livre de cuisine
l'odeur des pages jaunies
se mêle à l'automne

                                        Nuages sans fin
                                  la dernière clématite
                                    d'un bleu si profond

Sous une pluie froide
les zinnias penchent leur tête
aux couleurs d'été

                                        Vigne vierge rouge
                                  le vent prend des couleurs
                                           mon balai aussi

Le chant d'un oiseau
au travers des feuilles mortes
un rai de lumière

Cinquante ans passés
avec l'automne naissant
mes rêves d'enfant

                              Bientôt la Toussaint
                    aux pieds des fleurs de zinnias
                              la tortue s'enterre

Le chêne mitraille
dans les rafales du vent
une pluie de glands

                              Ciel de coton gris
                    qu'un héron cendré traverse
                              seul son cri aigu

Le vent de novembre
s'habille de feuilles rousses
et d'odeur d'humus

Martine Morillon-Carreau

forêt verte encore
juste un peu de jaune et roux
dans le soleil froid

coup de vent soudain
les feuilles qui tourbillonnent
sont encore vertes

douceur sur Paris
déjà vingt et un septembre
on ne peut y croire

si rares à fleurir
on les sent plus parfumées
les roses d'octobre

tempête précoce
toutes les feuilles arrachées
avant de jaunir

                                        bouleaux feuilles jaunes
                                        il fait si beau tiède encore
                                             saison indécise

la lumière en gloire
sur les peupliers jaunis
un soir d'arc-en-ciel

                                            ce papillon jaune
                                        tiens non une feuille morte
                                           vol au gré du vent

quelques feuilles mortes
sur les arbres gris de nuit
la lune de sang

                                           la métamorphose
                                        ce matin à ma fenêtre
                                           de l'or aux bouleaux

frisquet ce matin
dans le jardin réconfort
couleurs chaudes aux feuilles

sur l'écorce grise
cette danse d'une branche
feuilles d'or soleil

narcisse d'octobre
et cet amour d'automne
tous deux incroyables

l'Histoire au jardin
en révolution d'octobre
les rhus sont tout rouges

le chat suit des yeux
les feuilles et gouttes en rafales
faux-airs d'oiseaux fous

135

inégalité
quelques arbres aux feuilles rouges
d'autres dénudés

écharpe oubliée
eh non vraiment plus l'été
attrapé un rhume

tourbillon pluie feuilles
mon parapluie retourné
ne sert plus à rien

chapeau rouge à pois
sous le bouleau ce matin
tue-mouche en tenue

nuit trente degrés
bougies rhum sur tombes blanches
demain Jour des Morts

Cristiane Ourliac

balade en forêt
l'automne traîne à mes pieds
cascatelle d'or

                              élève appliqué
                    sur l'ardoise sa craie crisse
                      premier froid d'automne

automne pluvieux
éviscérer la citrouille –
une consolation

                              fini le beau temps
                  son derrière dans la boue –
                          cucurbitacée

rituellement
il caresse ses rondeurs –
pluie de l'arrosoir

avant d'hiberner
l'ascension de la citrouille –
escargot des haies

promenade au bois
en compagnie d'un petit
cyclamen tout mauve

le jour de rentrée
le changement des horaires
même pour la chatte

chemin de l'école
le vent tire le soleil
le long de la plage

balade d'automne
il se balance à mon bras
parapluie fermé

tous ces petits bruits
créent la fresque du temps
un silence roux

l'automne s'accroche
aux couleurs des dahlias rouges
– mes sandales usées

barbouillés de mûres
les enfants dans le roncier
des rires des larmes

la pluie assombrit
la couleur pourpre des feuilles
chemin sans issue

sarabande jaune
partout le vent en rafales
peintre des chemins

le parc fermé
elles se déplacent par bandes
les feuilles du chêne

balade des vignes
les derniers raisins ridés
sous le poids de l'ombre

le petit bol bleu
plein des pluies froides d'automne
volée de moineaux *

*publié dans GONG n° 49 octobre 2015

142

Allal Taleb

143

limpide le ciel
le jaune des bouts des branches
nomme la saison

          frais le fond de l'air
        la goutte d'entre saison
           sur le bout du nez

après les fruits
ce sont ses feuilles qu'il perd
notre vieux figuier

          l'été plie bagages
        écharpes et parapluies
          colorient la ville

encore un automne
c'est le quantième déjà
dans sa vie de chien

                                    mon coiffeur et moi
                             des mèches grises par terre
                                sur des feuilles mortes

l'été sur sa fin
la canicule fait place
aux cumulus gris

                                  engourdie la mouche
                             sur la tête du mendiant
                                    cherche la chaleur

histoire champêtre
l'épouvantail apprivoise
les petits moineaux

                                       grisaille dehors
                             dans l'autobus un parfum
                                      de noix de coco

doucement elle relève
son sari la lune
une nuit de novembre

                                    une feuille vogue
                        dans le vent du haut de l'arbre
                                    elle est verte encore

la saison s'amorce
déjà quelques feuilles jaunes
sortent de la brume

                                    sur un gros tapis
                        de feuilles mortes le vieux
                                dort à poings fermés

dans les méandres
du ruisseau les feuilles mortes
lune bientôt pleine

soleil oblique
à travers des feuilles rousses
le soir à grands pas

Virginia Popescu

horloge rouillée –
dans les yeux du vieillard
s'entasse la brume

orgue de barbarie
abandonné dans la rue –
bruine en rengaine

dans l'aube froide –
le moineau grelottant
picore des rayons

amour oublié
rien que des feuilles mortes
sur les eaux du lac

entre deux raisins
l' araignée tisse sa toile –
vendange de rosée

151

volée d'étourneaux
faisant le tour du clocher –
mes souvenirs reviennent

une aquarelle
délavée dans l'étang –
soleil couchant

pluie pluie pluie –
dans la buée du café
visages d'autrefois

du vent dans les saules –
émiettée sur le lac
la lune d'octobre

bruissement d'herbe –
sur des ailes de papillon
couleurs de saison

feuilles tremblantes –
les arbres du boulevard
atteints de jaunisse

alchimie de septembre –
tout le vert émeraude
devient de l'or pur

premiers rayons -
sous une toile d'araignée
un chrysanthème

tombée de la nuit –
le vent fouille l'abri
des nids déserts

vergers désertés –
le noyer laisse tomber
sa dernière feuille

153

                    passants pressés
                    sur les bancs ne se posent
                    que des feuilles mortes

grues dans le ciel –
une plume descend lentement
vers l'étang désert

                    châtaigniers rouillés –
                    les vieillards – des souches
                    avec des souvenirs

aucun sentier –
insensiblement l'automne
se faufile dans le bois

                    messe du soir –
                    les yeux tristes de la vierge
                    sur les chrysanthèmes

154

Marie-Jeanne Sakhinis-de Meis

mi-novembre
du soleil dans mes soucis
 – monde à l'envers

                                    se laisser guider
                              par la chute des feuilles
                                  ... silence absolu

jour grisonnant
l'éclat d'une grenade
tombée sur l'herbe

                                    ciel enflammé –
                            le vent attise les nuages
                                  sur le lac froissé

à chaque vague
la lune s'efface et renaît
d'un fil d'écume

soir d'octobre
par la fenêtre entrouverte
la pluie s'annonce

sur les pavés
la pluie fait des vocalises
en touchant le sol

par la fenêtre
un soleil blanc s'infiltre
premiers froids

tableau temporaire
sur le sol les feuilles mortes
ont pris des couleurs

branches sur l'épaule
la vieille femme chemine
- odeur de pain chaud

récolte de bois –
au bout du chemin l'effort
s'échappe en fumée

soirée d'octobre
dans les yeux du grand-père
la brumaille...

le vent éloigne
et rapproche les nuages
dans ma tasse de thé

reflets de flammes
sur la théière en verre
– coucher du soleil

lune rouge
sous son déshabillé
beauté passagère

lune rousse
le chat noir lève la patte
pour la saisir

quai de halage
profiter du soleil
avant l'hiver

une tombe ouverte
partout des dalles fleuries
ton regard absent

fruits de saison
noix et marrons bien trop chers
salive avalée

concerto du vent
entre les branches du frêne
– la pie dévie

Jean-Louis Chartrain

Jean-Louis Chartrain

changement de style
premières feuilles au sol
et dernières jupes

retour de brumaire
on a tous perdu la tête
de la tour Eiffel

cour de récréation
les petites après les grandes
poussées par le vent

matin de novembre
accrochée à l'oranger
une pauvre lumière

tous dénudés
lui, refuse de rougir
– massif de chèvrefeuille

jours de Toussaint
la queue chez le boulanger
puis au cimetière

grisaille d'octobre
dans l'allée arborée – au sol
des pièces de soleil

plus douces plus longues
elles enveloppent les ombres
– lumières d'automne

troisième flambée
dans le meuble à chaussures
je remise l'été

ma porte ouverte
pour que toutes puissent entrer
– senteurs de saison

devant mes yeux
chaque jour en rougissant
elle se dénude

                              jours de ventôse
                         la cathédrale en perd
                            toutes ses cloches

soleil de novembre
je déambule dans l'ombre
des clochers rêveurs *

*la ville aux clochers rêveurs, surnom d'Oxford

                              de soir en soir
                         son ventre s'arrondit
                          – lune de novembre

le roi est nu –
dépouillé par le temps
le vieux ginkgo

                                        marrons sur le sol –
                                        dans la poche de ma veste
                                        une feuille égarée

bataille des airs
au sol l'évidente déroute
de toutes les feuilles

                                        matin de novembre
                                        l'air ajoute dans mon thé
                                        une note de brume

dans l'aube embrumée
assidu à son travail
le pic épeiche

                                        flammes à l'assaut
                                        de la paroi du viaduc
                                        – vigne d'octobre

premiers jours d'octobre
au jardin un revenant
à la gorge rouge

plus longues les nuits
la rousseur de saison se dépose
sur ton visage

jeudi de brumaire
au kiosque la symphonie
des coassements

grisaille d'automne –
la voix de Jaroussky ouvre
un espace bleu

Publications des Éditions D'un Jardin :

Alhama Garcia, Collines, *2014*
Alhama Garcia, Le Radeau d'Héraclite, *2015*
Nicole Gremion, Haïkus et Tanka, *2015*
Haïkus d'Automne, *collectif, 2015*

en préparation :

Haïkus d'Hiver, *collectif, 2016*

Ce volume, « Haïkus d'Automne »,
le quatrième des éditions D'un Jardin,
a été tiré à 100 exemplaires.

Il a fait l'objet du dépôt légal
à la Bibliothèque Nationale
en novembre 2015

www.ingramcontent.com/pod-product-compliance
Lightning Source LLC
Chambersburg PA
CBHW021108090426
42738CB00006B/551